体育养生　功前热身

体育养生　功前热身

胡晓飞　庄永昌　著

人民体育出版社

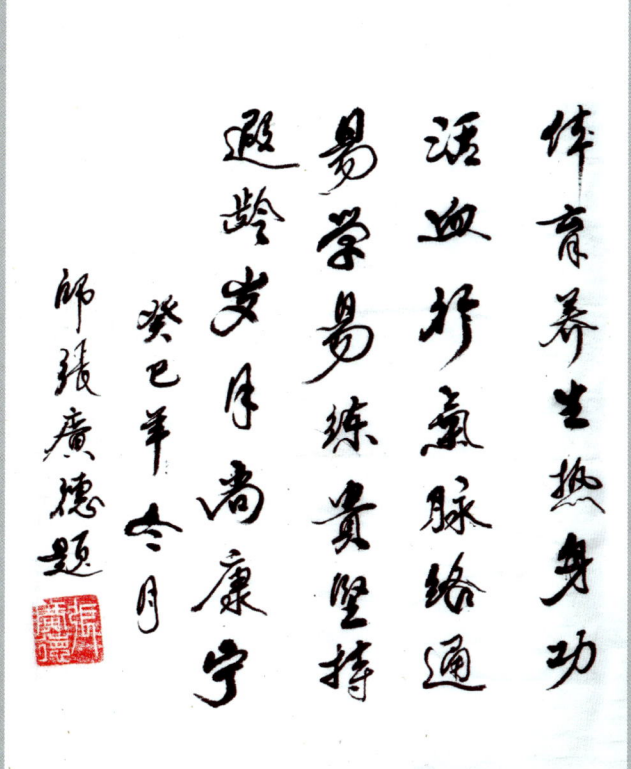

首位武术、健身气功双九段张广德先生题字

再版说明

　　光阴荏苒，转眼间《体育养生功前热身》已经面世3年多了，自该书出版以来，已发行上万册，并被译成英文、俄文出版，德文版已翻译完成待后出版。目前，功法也已传播到海外30多个国家和地区。由此可见，人们对体育养生功前热身的喜爱程度。据了解，该功法之所以受到追捧，是因为该功法除了具有全面、有效、简单、易学、易练的特点外。还具有：第一，良好的实用性。该功法很好地实现了预热身体、调动脏腑、协调中枢和植物神经等功前准备的目的，具有预防损伤、提高练功效果的作用；第二，明确的针对性。该功法，从导引、健身气功和太极拳等练习的特点出发，根据练习者的需求，选择有针对性的练习手段、方式、特点、练习强度和练习量，做到有的放矢，达到事半功倍的效果，深受导引、健身气功和太极拳爱好者的喜爱；第三，典雅的艺术性。该功法动作设计古朴典雅、合理简洁、优美大方，音乐编排柔缓婉转、沁人心脾，练习起来令人流连忘返。有很多单位和组织把它搬上舞台，成为联欢晚会和团体表演的精彩节目，同时也成为编排健身气功、气舞的重要元素；第四，具有强身健体的现实性。该功法采用了全身伸展、旋转缠绕、转体俯仰、引挽腰肢的动作，并有动绵息长、"三调合一"的要求，因此，具有增强体质、缓解颈肩综合征、腰腿疼痛、精神紧张、鼠标手和电脑眼等办公室综合征的功能，广受国内外白领阶层的青睐，大家纷纷将其作为工间的锻炼手段。

自该功法推广以来，我们在教学实践过程中发现功法还存有瑕疵和许多不尽人意的地方，多位专家和热心的读者也给我们指出一些问题，提出许多宝贵的改进建议。为了更好地服务于广大导引、健身气功和太极拳爱好者，我们决定将该书修订再版，其修订的内容包括：第一，微调本书结构，修饰某些文字，使之逻辑更加合理、可读性更强；第二，调整个别动作名称，使之更加贴切，文化性更强，如"宁神调息"修改为"起功三调"，"神鹿舒身"修改为"白鹿迎祥"，"白虎出洞"修改为"猛虎舒身"等；第三，修正动作方法，如第五式"白鹿迎祥"转体时，将开步脚不动改为开步脚外摆，使脚尖向外；第四，增补有关内容，在功法内容里增加了"名称释义"和"养生贴士"等内容，有助于读者加深对动作的理解和有效运用；第五，在书中添加了功法教学视频二维码，帮助大家在阅读图书的同时，随时可以通过扫码观看视频教学，从而帮助大家迅速、准确、形象地掌握技术方法和要领，同时还可以随时跟练；第六，美化版面设计，将老版的黑白照改为彩色照，并在排版和图文修饰上进行了美化。

做出上述修订的目的，是为了更好地为广大导引、健身气功和太极拳爱好者服务，使大家方便、快捷、正确、合理地掌握和运用体育养生功前热身，从而达到预防损伤、提高练功水平和练功效果的目的。希望新老读者喜爱它和实践它，也祝愿大家在享受练功的同时获得健康、快乐的人生！

胡晓飞

2019年1月1日

前　言

　　体育养生是以调心、调息和调身为手段，以三者的完美结合为准则的自我锻炼，主要包括导引、健身气功和太极拳等中国传统养生术。练习时，要求思想集中恬淡、呼吸自然绵长、动作舒展大方，其中，身体练习又包括以"熊经鸟伸"（模仿动物的动作方式，熊经就是熊的直立行走，鸟伸就是鸟的展翅翱翔）为主的伸展动作，其不仅具有柔和缓慢的动作特点，还有抻筋拔骨、动静结合、刚柔相济、快慢相兼、力达于梢的练习要求，动作幅度相对较大，且具有一定的难度性和复杂性。这就要求练习者在练习前从心理和生理上做好充分的准备，以便获得良好的练习效果，并预防损伤和意外的发生。调查发现,目前导引、健身气功和太极拳的爱好者们,对热身练习的意义、特点、原则和方法认识不足,没有功前热身的理念,也没有一整套行之有效的练习套路,有的只是在学练功法之前,随意地做一些徒手操,象征性地压压腿、活动活动关节,其内容和形式均显机械和单调,很难坚持常练,甚至某些练习者还想当然地认为导引、健身气功和太极拳练习,功法简单、动作缓慢柔和,运动强度很小,做不做功前热身不重要,因而常常放弃功前热身的练习。这势必会影响其功法的练习效果,还会导致出现损伤,严重的还有可能发生意外;同时,还可能降低练习者的兴趣和热情,影响体育养生功法的推广。

因此,加强对体育养生爱好者进行功前热身练习的教育和引导,尤其是科学的创编和引入行之有效的功前热身练习显得尤为重要。通过我们对专家的调查结果也表明,100%的专家都认为,"现阶段开展对功前热身的研究,并创编功前热身练习"是必要或非常必要的。正是基于上述情况的考虑，我们在研究功前热身理论的基础上创编了这套功前热身练习。该练习自2009年创编以来，以其简单、优美、全面和有效的特点受到广大养生爱好者的欢迎。为满足广大练习者的需求，特推出此书和教学视频。

应该说，功前热身是因人而异、因功而异、因时而异的，也就是说其方法、手段和练习应该是多种多样的，我们推出此功法主要是抛砖引玉，使体育养生的管理者对功前热身更加重视、专家学者对功前热身的研究更加广泛深入，让广大导引、健身气功和太极拳爱好者对进行科学的功前热身更加热情高涨，为广泛开展体育养生功前热身的研究和提高健身康复效果而服务。

需要说明的是，该功法虽然是通过大幅度的抻筋拔骨以及各种伸展动作，达到热身的效果，但不能一一满足不同项目锻炼及人群的需求，书中难免会有不足，希望得到大家的批评指正。

胡晓飞
2015年3月1日

目　录

第一章　体育养生功前热身概述 …………（ 1 ）

一、体育养生功前热身概念 …………（ 2 ）

二、体育养生功前热身目的 …………（ 2 ）

三、体育养生功前热身特点 …………（ 5 ）

四、体育养生功前热身创编原则 ………（ 9 ）

五、体育养生功前热身创编元素 ………（12）

六、体育养生功前热身注意事项 ………（14）

第二章　体育养生功前热身基本技术 …………（17）

　　第一节　手型手法 ………………………（18）

　　　一、手型 …………………………………（18）
　　　二、手法 …………………………………（20）

　　第二节　步法 ……………………………（22）

　　第三节　身型身法 ………………………（27）

第三章　体育养生功前热身功法 …………（29）

　　第一节　体育养生功前热身动作名称 ………（30）
　　第二节　体育养生功前热身动作图解 ………（31）

附录 ……………………………………………（102）

参考文献 ………………………………………（105）

致谢 ……………………………………………（107）

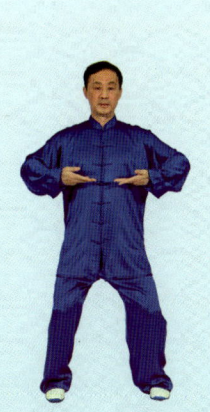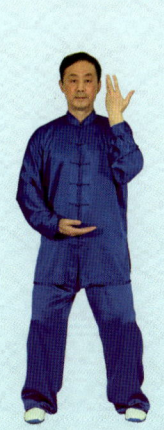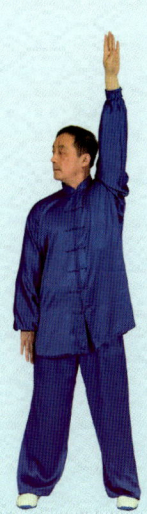

第一章

体育养生功前热身概述

一、体育养生功前热身概念

体育养生功前热身是以身体运动为基本手段,以从头到脚有序活动为基本路线,以柔缓圆连、伸展牵拉为基本特征,以集中心神、消除内脏惰性、预热身体、预防损伤、提高体育养生功法练习的质量和健身效果为基本目的的自我练习。

二、体育养生功前热身目的

1. 调节中枢神经

由于功前热身练习时,要求练习者收敛思绪,将思想集中在默念口诀上,而且在练习中,动作柔缓、呼吸深长、思想集中,通过这样的功前练习,可以使练习者大脑皮质兴奋性处于适宜状态,进而可以使练习者精神集中、思想趋于平静、大脑皮质放松、脑细胞合成能力增加,还可为功法练习的三调合一服务。另外,通过热身练习,可刺激相应的器官,这可使练习者运动技能的条件反射联系多次接通，从而有利于他们在进入功法练习时节奏更合理、动作更精确、姿势更到位、配合更协调、姿态更优美、表现更优秀、效果更显著。

2. 预防运动损伤

由于功前热身练习时，既有全身活动的要求，又有一定的活动强度，这样通过练习就可以有效地提升练习者的肌肉温度，体温升高后，可以使练习者的肌肉黏滞性下降，有效避免肌纤维的损伤，同时可以提高肌肉的收缩和舒张速度，增加肌力。另外，在较高体温情况下，血红蛋白和肌红蛋白会携带释放更多的氧，从而增加肌肉的氧供应。由于物质代谢水平提高，可普遍提高神经和肌肉组织的兴奋性，肌肉温度的升高还可以使其中小血管扩张，减少外周阻力，增加肌肉中的血氧供应，预防心脑血管疾病的意外发生。

3. 预防关节拉伤

由于功前热身练习时，要求在全身放松、动作柔缓圆连的基础上，辅以一定幅度的上下肢、躯干等全身各关节的静力性伸展，这可以改善各关节的活动幅度，提高韧带的柔韧性和耐受力，从而使练习者在功法练习时，能有效避免因大幅度抻筋拔骨动作所造成的关节、韧带和肌肉损伤，进而达到动作协调、灵敏，提高练习效果的目的。

4. 消除内脏惰性

功前热身练习属于有氧运动。练习时，要求配合深长的腹式呼吸，而且动作幅度由静到动逐渐增大，这样不仅能够提高练习者呼吸系统的机能，在大脑皮质的呼吸中枢内留下兴奋升高的痕迹，很好地调节练习者的植物神经，提高心血管系统和呼吸系统的机能水平，还能使肺通气量及心输出量增加，心肌和骨骼肌的毛细血管网扩张，使工作肌能获得更多的氧供应，从而克服内脏器官的生理惰性，提高工作能力，有效避免导引、健身气功和太极拳练习中意外损伤的发生。

5. 产生美好情感

功前热身练习能使练习者产生愉悦感。因为，功前热身练习时，要求练习者以安详的神态、恬愉的心情、优美的姿态、和缓的节奏，并采用优美的诗句引导和美妙的音乐旋律伴奏。这样可使练习者全身气血畅通，身体微热，使练习者体内产生内腓肽，得到美好愉悦的情感体验，进入神态安详，神清气爽，恬淡虚无的练功境界。并把这种美好的情感体验带到功法练习中去，从而获得最佳的练功效果。

由于体育养生功前热身具有上述良好的作用,所以,它能帮助练习者改进和提高体育养生功法的练习质量,预防练习中意外损伤的发生,从而提高练习者的技术水平,增加其学练兴趣和提升其练功效果。

三、体育养生功前热身特点

1. 简单易学、强度中小

体育养生功前热身的目的是为正式练习其他功法做前期准备的,相对于正式的导引、健身气功和太极拳等练习,它的地位是辅助性的、次要性的。老子在2000多年前就提出:"大道至简至易"。加之,人体的生理、心理运动负荷特点是从小到大,逐渐适应提高的过程。因此,在功法练习时,练习强度和运动量都不宜过大,要突出简单易学,强度宜小的特点,一般达到微微出汗即可。

2. 幅度适中、柔缓对称

体育养生功前热身是为正式功法练习服务的,整个练习要求活动身体各相关关节,伸展相关肌肉、韧带,使心肺功能得到有效提升。在练习之初,由于练习者体温处于较低水平,心肺惰性较高,机能水平较低。因此,在功法练习时,伸展幅度不宜过大、动作形式要柔和、练习速度要缓慢、动作方法要平衡对称。这样既能达到热身的目的,又有助于身体的阴阳平衡,从而有效避免肌肉拉伤和由于内脏器官惰性产生的一系列问题。

3. 从头到脚、活动有序

进行体育养生功前热身练习,目的是要在身心轻松的状况下进行全身活动。因此,在编排该功法时强调了练习的有序性、规律性。这样,既可避免练习者在练习时丢三落四,也不用因考虑下一动作的连接而分散注意力,使练习者对功前热身产生浓厚的兴趣,使其轻松愉快地享受功前热身练习;同时,还可使练习者经络畅通,气血运行有序循环,达到提高功法练习效果的目的。

4. 全身伸展、用力适度

体育养生功前热身是为功法练习服务的,而体育养生功法的练习处处充满着"引体令柔""熊经鸟伸"的特点,这就要求功前热身不仅要活动各关节,调动内脏的活动机能,而且还要突出牵拉伸展与功法练习动作相关的关节、肌肉和韧带,这样才能提高肌肉的伸展性和肢体的练习幅度，以避免肌肉、关节的损伤。而在练习导引、健身气功和太极拳等传统养生功法时，动用了人体约90%的肌肉群参与工作。因此，我们在创编功前热身术时，充分考虑了循序渐进、用力适度的特点，这样既能有效预防关节、肌肉和韧带的损伤，又能达到热身的目的。

5. 三调结合、形松意敛

体育养生功前热身是为导引、健身气功和太极拳等练习服务的，所以，它应该具有体育养生功法练习的特点，从而既体现出民族传统体育文化的特征，又符合现代科学的原理。而体育养生功法练习最显著的特点就是以调身、调息、调心的三调为手段，追求三调合一的练习准则，以及动静结合、外似神安的练习风格。因此，我们在创编体育养生功前热身时，也要体现中正安舒的身形、柔和缓慢、连贯圆活的动作特征，从而为悠匀细缓的腹式呼吸服务，并且通过形息合一来为意念集中服务，力求达到意、气、行三者合一的练功准则，这和现代健身练习的准备活动具有较大的差异。

6. 重视仿生、融合自然

中国传统体育养生练习突出仿生学的特点，比如说导引中的"凤凰来仪"、健身气功中的"虎戏"和太极拳中的"白鹤亮翅"等。生物进化史告诉我们,千千万万种生物之所以代代相传、生存至今,其实就是它们在严酷的环境下战胜一次又一次的灾难,锻炼出了较强的适应能力。为了生存,它们不得不拼命发展自己的适应机能,以便在其进化的长河中各显神通,延续物种。因此,现存的生物均有各自的绝招。人虽然是万物之灵,是生物界中进化最高级的动物,也有许多超常本领使其他生物望尘莫及,但亿万种生物的一技之长又往往为人类所不及。人没有龟鹤活得长,没有跳蚤跳得高,没有野生动物不药而医的本领和免疫力。早在《山海经》中就有仿龟蛇气功的记载,战国初期《行气玉佩铭》实际上就是仿龟静气功,如云:"行气,吞则蓄,蓄则伸,伸则下,下则定,定则固,固则萌,萌则长,长则退,退则天,天基桩在上,地基桩在下,顺则生,逆则死。";《庄子·刻意》也有:"……熊经鸟伸,为寿而已矣。"的论述。

体育养生功前热身是专门为各种体育养生功法练习服务的,它也应该以传统养生文化为指导,也要强调仿生,融合自然的特点。一方面,可保持与体育养生功法之间动作的内在联系,保持其相对的一致性;另一方面,可使练习者能较合理地融入到大自然的意境当中,达到"营魄抱一,专气致柔,涤除玄揽"的理想练功境界。

四、体育养生功前热身创编原则

1. 科学性原则

就是说，创编体育养生功前热身，在练习强度变化的设计上，要符合人体生理负荷变化的规律，即由小渐大，逐渐提高，保持到一段时间以后，逐渐降低还原；在强度和量的安排上，要符合运动训练学和功法的具体要求，即采用中小强度和适宜的时间；在动作手段及方法的选择安排上，要符合解剖学、生物力学和美学原理；在呼吸和意识的运用上，要符合高级神经学说和植物神经学说的原理；在音乐的选用、动作的命名和解说词的选用上，要符合心理学、美学和声学原理，力求美轮美奂；同时，还要考虑功前准备的总体要求，做到有的放矢、科学选用、合理编排。

2. 全面性原则

就是说，创编体育养生功前热身，既要考虑文化内涵，又要注意技术风格；既要考虑形体修炼，又要注意精神调摄；既要考虑大关节活动，又要注意小关节刺激；既要考虑气血周流，又要注重抻筋拔骨；既要考虑四肢百骸能力的调动，又要注意中枢神经、植物神经和内脏功能的激活和调节。从而为更好地、全面地进入"体育养生功法"练习服务。

3. 针对性原则

就是说，创编体育养生功前热身，一定要从体育养生不同的功法内容、手段、方法、强度、形式、幅度和运动量等需要出发。在练习手段、方法、强度和量的设计和安排上要有内在联系、基本契合。因为，传统体育养生的练习历史悠久，积淀很深，体系庞大，种类繁多，方法多样，并且有很多区别于其他健身方法的特点和要求。如五禽戏、八段锦、易筋经、导引养生功、乾隆养生术等，要求较大幅度地抻筋拔骨，对手指、腕关节、脚趾、踝关节等小关节的刺激较多，还要求有针对脊柱的大幅度蠕动、折叠和旋拧等动作，还要体现身体的发劲等特点。这些都要求创编功前热身时要体现针对性原则，从而达到有的放矢、避免损伤、提高练习效果的目的。

4. 简易性原则

就是说，创编体育养生功前热身，要删繁就简，不能追求太难的动作规格、太复杂的练习方法和太高的技术要求。老子说:"大道至简至易",即好的东西都是简单易行的。其实日本人是深谙此道的,他们做的"傻瓜"系列产品,如照相机、洗衣机、电脑和汽车等电器产品之所以行销世界,就是因为这些东西用起来方便简易,而且能很好地解决问题。所以,在创编功前热身练习时,一定要注意使其简单、易学、易练和易懂,最好是练习者稍加学习就能自如地跟着教练员或辅导员练习,当然还要有科学合理的理论基础和良好的练习效果作保证,不能无原则地简化,原则上爱好者在4个小时以内能学会最好。

5. 有效性原则

就是说,创编体育养生功前热身,要以是否有利于体育养生的功法练习为准则。参考标准就是要达到思想相对集中、呼吸调控自如、身体放松发热、肢体伸展自如、动作精确到位和心情愉悦恬淡等效果。功前热身的目的,就是为了更好地进入体育养生功法的练习当中。如果没有达到上述目标,功前热身就会失去其本身的意义。

6. 民族性原则

就是说,体育养生功前热身在文化底蕴方面要体现民族特征,要体现导引、健身气功和太极拳的特点,如练习形式上,要强调柔缓圆匀;在练习强度上,要做到"微微出汗而不喘"即可;在技术结构上,要注重阴阳对称;在技术风格上,要强调抻筋拔骨;在功法目的上,要着眼于整体全面,从而很好地实现享受练功,提高功法健身效果的目的。

五、体育养生功前热身创编元素

1. 功法节数

全套功法练习节数以7~9节为宜,不可过多或过少。练习节数过多,则超过许多导引和健身气功的练习节数,如八段锦等;练习节数过少,则活动不全面、不充分,达不到热身的目的。

2. 练习时间

全套功法练习时间以10分钟左右为宜,不可太短或太长。练习时间太短,则预热身体和调动植物神经工作能力不够;练习时间太长,则过多地占用正式练功和练拳时间,有喧宾夺主之嫌,影响锻炼效果。

3. 功法强度

功法练习强度,练习时不要超过本人最大心率的

65%~70%，不可太高太低。练习强度太高，则违背了功前热身的初衷，并易造成肌肉损伤；练习强度太低，则达不到微微出汗、预热身体的目的。其检验方法是，热身练习结束后，以练习者心率能够在2~3分钟内恢复到平时状态为宜。

4. 练习手段

练习手段应该包括全身性的柔缓运动、各关节的有序活动、全身的适度伸展等，并辅以呼吸和意念等方面的要求，而不必包括按摩、点穴、抖动、冥想等其他练习手段和方法。因为，功前热身的目的就是为正式练功和练拳做准备的，舒展性、流畅性和完整性是主要因素，并不需要畅通经络气血和激发潜能，而按摩、点穴、冥想等练习会破坏练习的舒展性、流畅性和完整性。

5. 功法练习难度

基本学会这套功法应该在4小时以内，不能太长，也不能太难或太容易。太难令练习者生畏，而太容易又会使练习者索然无味，学习兴趣降低。

6. 练习诱导

练习过程应该辅以良性的语言加以引导，并且采取柔美动听的音乐进行伴奏。语言引导包括练习前的默念口诀、动作方法、练习要求和效果等提示语等。伴奏音乐要结合动作特点、韵律和目的来设置。

六、体育养生功前热身注意事项

1. 着装要求

力求衣服宽松，面料柔软舒适；鞋袜要柔软合脚，鞋要软底。

2. 配饰要求

练功前尽量去掉身上的各种饰物，包括手表、项链、戒指、耳环等，以利于气血畅通。

3. 场地要求

力求平整，不要太硬，而且尽量选择空气清新、污染较小、温度适宜的地方练习，做到避风、避阳、避干扰。

4. 环境要求

要求绝对安全、相对安静，最好是在公园、花园、场馆内练习，杜绝在过道、马路和球场边练习，也不要在光线不好、靠近危险物（储藏化学、爆炸物的仓库）

的周围练习,避免出现意外。

5. 时间要求

无特殊要求,一般根据自己的练功需求来定。但应该尽量避免在情绪激动、感冒、腰椎间盘突出症发作和血压严重异常时候练习,且饭前、饭后和睡前1小时之内禁止练习。

6. 身心要求

要求身体放松、思想平静,并且要先排净大小便。

7. 呼吸要求

呼吸做到悠匀细缓、自然流畅。吸气时,提肛调裆,舌顶上腭,呼气时,松腹松肛,舌尖下落,并且做到起吸落呼、开吸合呼、松吸紧呼、伸吸收呼,动作为呼吸服务。

8. 意念要求

意如清溪淡流,神态恬然愉悦、安详,强调协调放松的调形和悠匀细缓的呼吸,帮助意念集中。

扫码可看视频

第二章

体育养生功前热身基本技术

第一节 手型手法

一、手型

1. 掌

五指自然分开，食指稍挑起，小指稍前移，使掌背成瓦楞状；同时，拇指大鱼际稍内合，使掌心成凹状。（图2-1）

【动作要领】

五指自然伸直，不僵不拘，松紧适度，全掌饱满，适度麻胀，自然舒适。

图2-1

2. 拳

四指卷于掌心,中指尖(中冲)轻点劳宫穴,拇指第一指节尺侧搭于食指、中指第二指节上。(图2-2)

【动作要领】

拳面要平,且稍绷劲,自然饱满,松紧适度。

图2-2

3. 勾

五指掌指关节弯曲,使拇指、食指、中指三指撮拢,其余两指卷于掌心。(图2-3)

【动作要领】

拇指、食指、中指指腹捏在一起,屈腕,其形如钩。

图2-3

二、手法

1. 卷指握拳

由掌开始,小指、无名指、中指、食指依次卷握成拳,中指尖(中冲)轻点劳宫穴。(图2-4)

【动作要领】

卷握有力,且从小指至拇指,每个指节依次有序地进行,握拳要紧。

图2-4

2. 屈指切腕

由掌开始,小指、无名指、中指、食指依次屈指,继而屈腕。(图2-5)

【动作要领】

屈指过程中,手指可稍弯曲,要有切腕动作,神门穴要有酸胀感。

图2-5

3. 推掌

由握拳于腰间开始，中指点扣劳宫穴后，由拳变掌，手臂内旋向体侧弧形推出，掌心斜向前，掌指向上。（图2-6）

图2-6

【动作要领】

腕与肩平，力在掌根，沉肩坠肘。

扫码可看
手型手法视频

第二节 步法

1. 提踵

吸气,百会上领,提髋带动两脚跟上提;呼气,两脚跟下落。(图2-7)

【动作要领】

脚跟上提时,吸气,收腹,百会上顶;下落时,呼气,松腹,保持身体平稳。

图2-7

2. 丁步

重心右移，右脚踏实支撑，左脚脚跟上提，脚尖轻点地面，两腿屈膝半蹲，左脚点地为左丁步、右脚点地为右丁步。（图2-8）

图2-8

【动作要领】

上体保持中正，两膝内合，沉髋敛臀，点地脚稍用力。

3. 弓步

两脚前后开立,约三脚距离,右腿屈膝前弓,脚尖向前稍内扣,左腿伸直后蹬,两脚全脚掌着地,左腿屈膝前弓为左弓步,右腿屈膝前弓为右弓步。(图2-9)

【动作要领】

身体稍前倾形成斜中正,沉髋、敛臀,屈膝腿的膝关节对准脚尖方向,蹬伸腿的膝关节既不能绷直,也不能软塌,使委中穴有微微外掤之感。

图2-9

4. 虚步

左脚向左外摆45°，重心左移，左腿微屈，右脚向前上步，脚跟或脚尖着地，右腿自然伸直，左脚向前上步为左虚步，右脚向前上步为右虚步。（图2-10）

【动作要领】

支撑脚全脚掌着地，支撑腿膝关节对准脚尖方向，且支撑腿在地面的投影不要超过脚尖、不得撅臀、抬臀、塌腰、挺胸、弓背。

图2-10

5. 马步

两脚左右开立，约两脚半到三脚的距离，两腿屈膝，沉髋下蹲，目视前方。（图2-11）

图2-11

【动作要领】

身体中正，两大腿和小腿之间的夹角约90°，两膝关节稍里合，两脚尖向前，稍内扣，保持腿开裆合之势，同时，膝关节在地面的投影不得超过脚尖。

扫码可看
步型步法视频

第三节　身型身法

蠕动

上体微后仰，继而挺膝、挺髋、挺腹、挺胸、抬头，身体蠕动。（图2-12）

【动作要领】

挺膝、挺髋、挺腹、挺胸、抬头，动作要协调，节节贯穿，成反弓形。

图2-12

扫码可看
身型身法视频

第三章

体育养生
功前热身功法

第一节 体育养生功前热身动作名称

功前准备：起功三调

第一式 青龙昂首（颈肩功）

第二式 彩蝶起舞（肩肘功）

第三式 祥麟翻浪（肘腕功）

第四式 白鹿迎祥（躯干功）

第五式 灵猫戏尾（腰髋功）

第六式 猛虎舒身（腰腿功）

第七式 仙鹤揉膝（膝踝功）

第八式 神龟纳气（踝趾功）

收势：气息归元

第二节 体育养生功前热身动作图解

功前准备：起功三调

意为，调整躯体，使之中正安舒；调节呼吸，使之自然有节；调摄思绪，使之恬愉安详。

书云："形不正，则气不顺；气不顺，则意不宁；意不宁，则神散乱。"《道言浅近说》："心止于脐下曰凝神，气归于脐下曰调息。神息相依，守其清静自然曰勿忘，顺其清净自然曰勿助。"

该式名称寓意通过三调有机结合，帮助练习者将意念集中于丹田，以达神息相依、神形相随的状态，为自然地进入练功意境、提升练功功效打下基础。

【练习方法】

并步站立（图3-1），两臂前摆，两掌合十置于面前，中指端与鼻尖同高，距离约30厘米（图3-2、图3-2附图）。继而默想：百会上顶，两眼垂帘，下颌微收，含胸拔背，松腰敛臀，两膝放松，两脚放平。接做3次深长的腹式呼吸，要求呼吸自然，吸气时，想"静"，呼气时，想"松"。

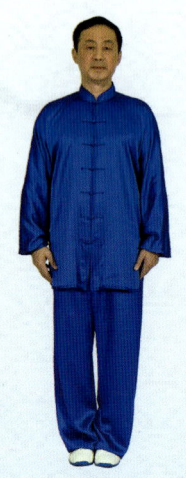

图3-1

图3-2

图3-2附图

默念口诀：万事皆放，淡卧莲；心静似潭，身如燕；日月凌空，行任督；蓬莱无梦，任飞翔。

做完后，两臂内旋，两掌前伸置于体前，与肩同高，与肩同宽，目视前方（图3-3），继而沉肩、坠肘、坐腕、舒指下按，垂于体侧，目视前方。（图3-4）

图3-3

图3-4

【练习作用】

放松身体，调匀呼吸，净化大脑。

【练习要点】

体正形松，息匀神敛，喜由心生，意在默念口诀。

【练习禁忌】

重心偏移，身体僵硬，呼吸急促，用意太过。

【养生贴士】

对于办公室人员，在工作一段时间后，容易出现疲劳、精神不集中的现象，可以做宁神调息3~5分钟，将两掌置于面前，默想眼观鼻、鼻观口、口观心、心观丹田，可起到集中注意力，缓解大脑疲劳的作用。

扫码可看
功前准备视频

第一式 青龙昂首（颈肩功）

青龙，意为东方之神；昂首，即为抬头和转头之意。

龙，是中华民族的图腾崇拜，传说中的灵兽之一，是一种有鳞、有须、能兴云作雨的神异动物。中国古代将天空分成东、西、南、北、中区域，称东方为苍龙象，北方为玄武象，西方为白虎象，南方为朱雀象，是为"四象"。按照五行理论，东方属木，主青色，故青龙为东方之神，亦称"苍龙"。

昂首，即抬头的意思。农历二月初二，是我国的一个传统节日，俗称青龙节，传说是龙抬头的日子。"二月二龙抬头"象征着春回大地、万物复苏，被认为是天地交感、天人相通的日子。

该名称寓意练功开始就喜迎春光，带有祥和之气，并借龙抬头之意，通过抬头昂首、左顾右盼来抻拉上肢和躯干的胁肋部位以及刺激相应穴位，即可达到引体舒身、唤醒机体、愉悦心情、振奋精神之目的。

【练习方法】

① 随吸气,左脚向左开步,与肩同宽,脚尖向前;同时,两掌上托至胸前,掌指相对,掌心向上,目视前方(图3-5);继而松肩沉肘,两掌外旋上穿于头顶上方45°,掌指向上,掌心斜相对;同时,抬头向上,扬眉,目视后上方。(图3-6、图3-6附图)

图3-5

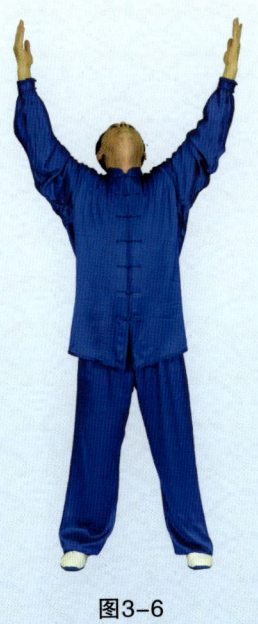 

图3-6　　　　　图3-6附图

②随呼气,松腰沉髋,微屈膝;同时,两掌从小指依次卷指握拳(图3-7),经面前下拉至下颏下方,两肘垂落相靠贴于胸前,拳背向前,将头回正,目视前方。(图3-8)

图3-7

图3-8

③随吸气，百会上顶，两拳变掌，右掌外旋上穿于右脸侧，掌心向外，左掌下落至腹部肚脐前，掌心向上，目视前方（图3-9）；继而，随两腿继续伸直，右臂内旋上穿于头顶上方，掌心向外；同时，左臂内旋下探贴于左腿外侧，掌心向外，中指贴于风市穴；同时，头向左转，目视左方。（图3-10）

图3-9

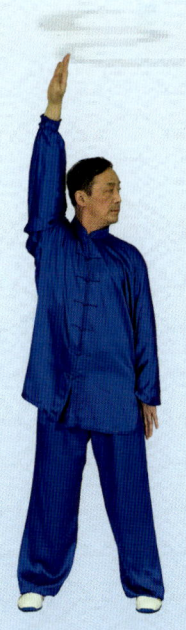
图3-10

④随呼气,松腰沉髋,微屈膝;同时,右掌从小指依次卷指握拳下拉,左掌从小指依次卷指握拳上提(图3-11),两拳原路返回置于颏下,两肘下落相靠贴于胸前,拳背向前;将头转正,目视前方。(图3-12)

图3-11

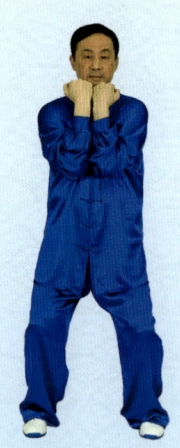
图3-12

⑤随吸气,百会上顶,两拳变掌,左掌外旋上穿于左脸侧,掌心向外,右掌下落至腹部肚脐前,掌心向上,目视前方(图3-13);动作不停,随两腿继续伸直,左臂内旋上穿于头顶上方,掌心向外;同时,右臂内旋下探贴于右腿外侧,掌心向外,中指贴于风市穴;同时,头向右转,目视右方。(图3-14)

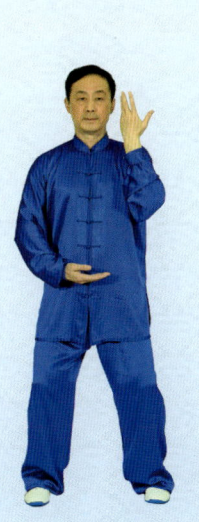

图3-13

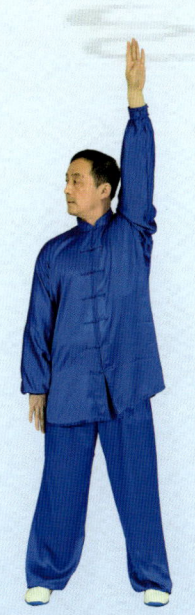

图3-14

⑥随呼气，松腰沉髋，微屈膝；同时，左掌从小指依次卷指握拳下拉，右掌从小指依次卷指握拳上提（图3-15），两拳原路返回置于颏下，两肘下落相靠贴于胸前，拳背向前；将头转正，目视前方。（图3-16）

图3-15

图3-16

⑦随吸气,百会上顶,两腿伸直,两拳变掌,两掌上穿于头顶上方45°,掌指向上,掌心斜相对;抬头向上,扬眉,目视后上方。(图3-17)

图3-17

⑧随呼气,重心右移下沉;同时,两臂内旋外分下落至与肩平,目视前方(图3-18);继而,随左脚向右脚并拢,两腿伸直,两臂下落按掌,两掌垂于体侧,中指置于风市穴,成并步站立式,目视前方。(图3-19)

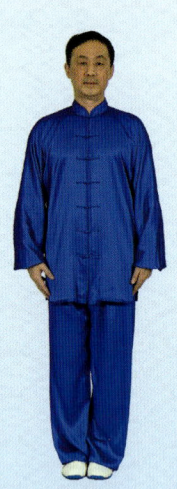

图3-18　　　　　　　图3-19

共做两个八拍，第二个八拍与第一个八拍动作相同，唯方向相反，做完后成并步站立式，目视前方。

【练习作用】

预热全身，牵拉上肢及躯干，活动颈肩各关节。益气通阳，疏肝利胆，改善颈椎病、肩周炎等症状。

【练习要点】

①力在颈项，意在转颈（或大椎穴）。
②动缓息长，幅度宜大。
③转颈抬头要逐渐加力，用力适度；两拳变掌前，中冲穴要瞬间轻点劳宫穴。

【练习禁忌】

颈椎病和高血压患者不宜做或慎做颈部动作。

【养生贴士】

①对于办公室人员，由于长期伏案工作，容易引起颈椎疼痛，工作1~2小时后，做2~3分钟青龙昂首式，可以缓解颈部疲劳，起到预防颈椎病的作用。

②日常生活中，由于长期看手机、书和资料，加之不良的生活和工作习惯，在低头工作后出现肌肉紧张，颈肩部僵硬、酸痛等症状时，可以重复做该式2~3分钟。

③长期使用电脑键盘者，可经常练习该式或依次卷指抓握动作2~3分钟，可有效预防和治疗鼠标手。

扫码可看
青龙昂首视频

第二式 彩蝶起舞（肩肘功）

彩蝶，即色彩鲜艳的蝴蝶；起舞，则为翩翩作舞之意。

《庄子·齐物论》："昔者庄周梦为蝴蝶，栩栩然蝴蝶也。自喻适志与！不知周也。"

该式通过大幅度的抬肘绕肩和两臂的缠绕动作，既表现出穿梭在鲜花中的蝴蝶飘然徐缓、自由自在、轻松惬意之状，又可达到充分活动肩、肘关节的目的。

【练习方法】

①随吸气,左脚向左开步,稍宽于肩,脚尖向前;同时,两臂内旋摆于体前,与肩同宽,与肩同高,掌心向外,掌指向前,目视前方(图3-20);随呼气,重心移至两腿之间,起身,继而松腰沉髋,屈膝下蹲;同时,两臂依次卷指、屈腕、屈肘,使拇指、食指、中指三指撮拢分别点于两肩髃穴,目视前方。(图3-21、图3-22)

图3-20

图3-21

图3-22

②随吸气，百会上顶，两腿伸直；同时，两肘向上抬至肩上方，目视前方（图3-23）；随呼气，松腰沉髋，屈膝半蹲；同时，沉肩、扩胸，两肘向后、向下落于肋两侧，目视前方。（图3-24）

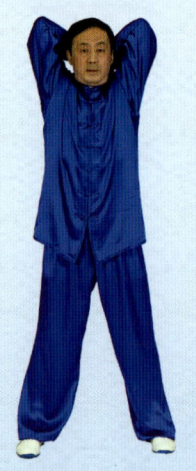
图3-23

图3-24

③随吸气，起身，两腿自然伸直；同时，抬肘、缩颈、含胸，两肘向前、向上抬至肩上方，目视前方（图3-25）；随呼气，松腰沉髋，屈膝使身体半蹲；同时，沉肩、扩胸，两肘向后、向下落于肋两侧，目视前方。（图3-26）

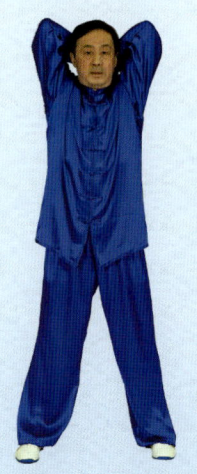

图3-25

图3-26

④随吸气，两钩手变掌，两臂交叉于胸前，左臂在内，右臂在外（图3-27）；动作不停，随重心右移，两掌外分撑于体侧，掌心斜向外，目视前方（图3-28）。随呼气，左脚向右脚并拢，两腿伸直；同时，两臂下落于体侧，目视前方。（图3-29）

图3-27

图3-28

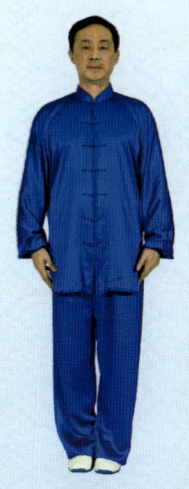

图3-29

⑤~⑧拍与①~④拍相同,唯开步方向相反。

第二个八拍同第一个八拍,但转肩的方向相反。共做两个八拍,做完后,两脚并拢,两掌捧于腹前,掌心朝上,掌指相对,两掌距离10厘米,目视前方。(图3-30)

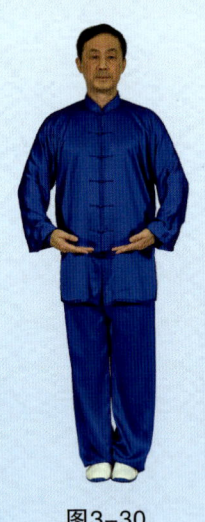

图3-30

【练习作用】

预热身体,活动肩、肘关节;改善肩周炎、高血压等症状。

【练习要点】

①起立时,百会上顶,收腹立腰;下蹲时,松腰敛臀,沉髋屈膝;转肩时以肘领先,两肘尽量前后划立圆,动作宜缓;抬肘时,幅度宜大,落肘时两臂摩运两肋。

②意在绕肩(或肩井穴)。

【练习禁忌】

体弱年长者或低血压者不宜练习,不宜蹲起过低、过快、过猛。

【养生贴士】

①办公室久坐人员，或长时间弓背、低头或盯着电脑的人，长时间地保持同一个姿势工作，这些姿势对肩部、背部、颈部造成很大压力。因此，在工作间隙可以做彩蝶起舞2~3分钟，可起到促进颈肩部血液循环，改善局部疼痛感，对预防和改善颈肩综合征有一定的作用。

②对已经患有肩周炎的人，可以根据自身实际情况，每天做这个动作3~5次，每次2~3分钟，可以缓解局部症状，提高肩关节的灵活性。

扫码可看
彩蝶起舞视频

第三式　祥麟翻浪（肘腕功）

祥麟，意指麒麟；翻浪，即指两只吉祥的麒麟腾云驾雾、上下嬉戏翻飞之意。

《礼记·礼运》："麟、凤、龟、龙，谓之四灵"。《宋书》："麒麟者，仁兽也。"古人认为，麒麟出没处，必有祥瑞。在中国传统民俗礼仪中，被制成各种饰物和摆件佩戴和安置家中，有祈福和安佑的用意。

该式动作中卷指、切腕、屈肘等动作，有助于刺激腕关节的原穴、畅通手三阴经和手三阳经；两臂的旋转缠绕，重心的左右移动像麒麟在云中翱翔、翻腾，给人们带来祥瑞之气，从而有助于创造喜从心生的练功意境。

【练习方法】

①随吸气,左脚向左开步,两脚之间距离两脚半到三脚;同时,两臂内旋侧摆至胯旁(图3-31);继而,两腿伸直,两臂内旋反臂外分至与肩平,接着两臂外旋,掌心向上,目视左掌。(图3-32)

图3-31

图3-32

②随呼气，从小指依次卷指、屈腕、屈肘，抬臂于体侧，目视左掌（图3-33）；继而，马步下蹲；同时，切腕、插掌于腋下（图3-34），使两合谷穴分别沿膀胱经向下摩运至臀部，目视前方。（图3-35、图3-35附图）

图3-33

图3-34

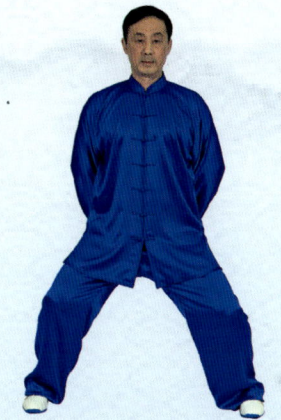

图3-35

图3-35附图

③随吸气，重心右移；同时，两臂内旋前摆，与肩同宽，与肩同高，掌心向外，掌指向前，目视前方（图3-36）；继而，左脚向右脚并拢，两臂外旋；同时，从小指依次卷指、屈腕、屈肘上抬，使合谷穴置于胸前天突穴两侧，目视前方。（图3-37）

图3-36　　　　　　　　图3-37

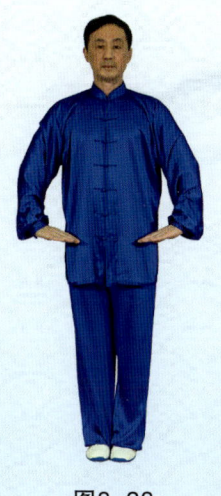

图3-38

④随呼气,两腿伸直,两合谷穴沿任脉两侧向下摩运至小腹;继而,坐腕按掌,掌指相对,掌心向下,目视前方。(图3-38)

⑤~⑧拍与①~④拍动作相同,唯方向相反。

第二个八拍同第一个八拍,共做两个八拍;第二个八拍的第八拍,随两腿伸直,两臂自然垂于体侧,继而两掌从小指依次卷指、握拳收于腰间,目视前方。(图3-39)

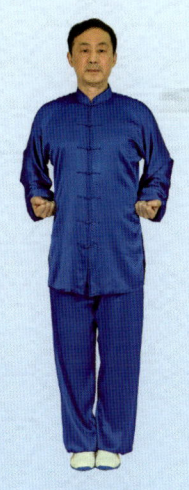

图3-39

【练习作用】

预热身体，活动肘、腕、指等关节，改善心血管和呼吸系统功能，预防骨质疏松。

【练习要点】

①两臂的旋转，肘、腕、指的屈伸要充分。
②重心要虚实分明，蹲起幅度宜大，速度宜缓。
③意在缠绕上肢（或尺泽穴）。

【练习禁忌】

年老体弱者不宜蹲起过深、过快、过猛。

【养生贴士】

①电脑的普及应用，使越来越多的人被"鼠标手"困扰着，手腕发麻、酸胀、僵硬，转动手腕时还伴随着轻微的响声。经常做祥麟翻浪2~3分钟，可起到缓解手腕肌肉酸痛的感觉，对预防和改善"鼠标手"有一定的作用。
②对患有网球肘的人，经常做这个动作，可以缓解局部症状。

**扫码可看
祥麟翻浪视频**

第四式 白鹿迎祥（躯干功）

白鹿，意为吉祥、安康、长寿之鹿；迎祥，即为伸展肢体之意。葛洪《抱朴子》称："鹿寿千岁，满五百岁则白。"是说鹿为长寿之兽，能活千年以上，从满五百岁开始，其色就变白，成为白鹿。古人认为鹿能给人们带来福气、长寿。

鹿是善于奔跑、跳跃的动物，该式动作的拧转、引伸，能够有效地牵拉、舒展身体各部位肌肉、肌腱等，可以增加身体柔韧性，强健身体，侧身引体，有助于畅通任、督二脉。

【练习方法】

①随吸气,身体左转90°,右臂沿右肋上提摩运;动作不停,右拳中指轻点劳宫穴后变掌,立掌向左推出,腕与肩平,掌心向左,掌指向上;同时,左拳后拉与右掌前推形成对拔用力之势,目视右掌。(图3-40)

图3-40

②随呼气，身体转正，左拳中指点扣劳宫穴后变掌，左臂内旋向左侧推，腕与肩平，掌心向左，掌指向上；同时，右掌变拳与左掌对拔回收于右腰间，目视左掌。（图3-41）

图3-41

③随吸气，重心右移，左脚向左开步，与肩同宽，脚尖点地；同时，左掌回收叉腰，右拳变掌，右臂内旋，右掌沿面部右侧向左侧伸出，带动身体向左侧倾成"弓"形，右臂贴耳使掌心向上，掌指向左，目视前方。（图3-42）

图3-42

67

④随呼气,左手叉腰不动,身体重心回正,右臂下落侧撑至与肩平,掌心向外,目视前方(图3-43);继而,左脚向右脚靠拢;同时,右臂下落垂于体侧,动作不停,两腿伸直,两手握拳收于腰间,目视前方。(图3-44)

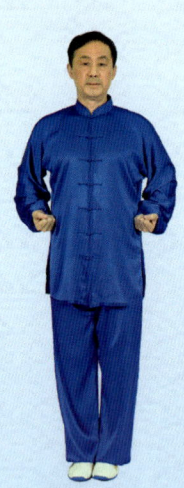

图3-43　　　　　　　　图3-44

⑤~⑧拍与①~④拍相同,唯方向相反。

第二个八拍同第一个八拍,共做两个八拍。第二个八拍结束时,两脚并拢,两掌捧于腹前,掌指相对,距离10厘米,目视前方。(图3-45)

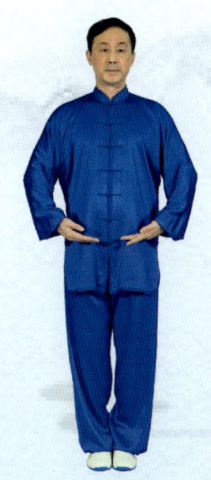

图3-45

【练习作用】

拧转身体,牵拉脊柱,抻筋拔骨,舒展躯干。疏肝利胆,固肾壮腰,预防腰肌劳损。

【练习要点】

①转体、侧倾幅度宜大,动静结合,松紧相宜,对拔用力,节节贯穿。
②动息结合,不要憋气。
③意在牵拉引体。

【练习禁忌】

孕妇、高血压及腰椎间盘突出者不宜幅度过大、动作过快、过猛。

【养生贴士】

①长期伏案、久坐，容易导致脊椎骨及周围的肌肉、韧带等劳损，脊柱会产生不同程度病变，如小关节错位，甚至脊柱侧弯等。为了预防这种情况的发生，可以在清晨起床后或工作间隙做该式3~5分钟，可使脊椎变得更加柔韧、健壮，还能提高全身的血液循环，缓解腰背佝偻、腰肌劳损等病症。

②长期久坐少动人群，会造成肝气不疏，消化不良。每天上下午做该式2~3个八拍，可有效疏泄肝气，改善消化功能。

扫码可看
白鹿迎祥视频

第五式 灵猫戏尾（腰髋功）

灵猫，意为腰肢灵动、活泼可爱之猫；戏尾，即为其转动腰肢，追逐自身尾巴之状。

捕猎是猫天生的本能，猫会对移动的物体产生兴趣，有时会追自己的尾巴，不停转圈或是扭来扭去。

该势动作通过以腰带臂，拧腰切髋等大幅度的旋转动作，以达到活动全身、刺激腰髋、畅通肾经、膀胱经和任督二脉之功效。

【练习方法】

①随吸气,左脚向左开步,两脚间距离约两脚半长;两臂内旋外分,继而随重心移至两脚之间,两臂侧摆至与肩平,掌心向后上方,目视左掌。(图3-46)

图3-46

②随呼气，左脚脚尖外摆90°，右脚脚跟侧蹬45°成左弓步；同时，两臂外旋，两掌握拳，左拳回拽于腰间，拳心向上，右拳向左摆至面前，拳心与眼同高，目视右拳。（图3-47）

图3-47

③随吸气，右脚掌蹍地，脚跟内收，重心移至两脚之间，左脚内扣，身体转正；同时，左拳不动，右拳经体前划弧下落收于右腰间，目视前方（图3-48）；动作不停，重心移至右脚，两中指轻点劳宫穴，两拳变掌，两臂内旋下落再外分与肩平，掌心向后斜向上，眼视右掌。（图3-49）

图3-48　　　　　　图3-49

④随呼气,左脚向右脚并拢;同时,两臂外旋前摆至肩前,与肩同高,与肩同宽,掌心向下,掌指向前,目视前方(图3-50);继而,两腿伸直,两臂下落还原于体侧,目视前方。

⑤~⑧拍与①~④拍相同,唯方向相反。

图3-50

第二个八拍同第一个八拍,共做两个八拍;做完后,两臂下落于体侧成并步站立势,目视前方。(图3-51)

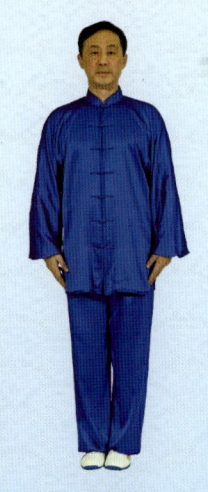

图3-51

【练习作用】

预热身体，活动全身，刺激腰髋。预防腰肌劳损、坐骨神经痛及骨质疏松。

【练习要点】

①以腰带臂，加大转体和旋臂的幅度。
②运在旋中，动在拧中；眼随手走，圆连柔缓。
③两臂体前下落时，要沉肩、坠肘、坐腕、舒指下按。
④加强拧腰，意在命门。

【练习禁忌】

高血压、孕妇及腰椎间盘突出者幅度不宜过大、动作不宜过快、过猛。

【养生贴士】

①现代人久坐办公，加上不良的坐姿，腰部压力增大，久而久之，就会感觉到腰背部肌肉僵硬，甚至是腰酸背痛。经常做该式动作，可以有效缓解腰部肌肉紧张、减轻腰部疼痛，同时还可增强腰部肌肉力量，防治腰肌劳损。

扫码可看
灵猫戏尾视频

第六式　猛虎舒身（腰腿功）

猛虎，意为山中之王，威猛无比；舒身，即为蹿蹦出山之意。

《说文解字》："虎，山兽之君也。"虎是强壮、威猛的代表，也是权利和力量的象征。

该式挺膝、展髋、舒胸等连贯动作，使身体由下到上逐节屈伸涌动；前俯下按，形如猛虎引腰蓄势，体现虎的威猛。该动作通过身体的蠕动，以活动脊柱，刺激任督二脉，上体前俯牵拉腰背和腿部后群肌肉，达到预热全身的作用。

【练习方法】

①随吸气,上体微后仰,继而挺膝、挺髋、挺腹、挺胸、抬头,使身体节节蠕动;同时,两肩胛骨内收带动两臂外旋,使掌心向外,目视后上方(图3-52、图3-52附图);继而,随身体直起,两臂向上摆至于头上方,与肩同宽,掌指向上,掌心向前,目视前方。(图3-53)

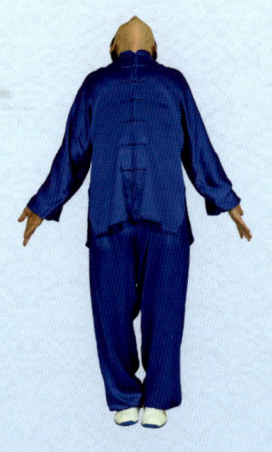

图3-52　　　　　　　　　图3-52附图

图3-53

②随呼气，右脚向右外摆45°；同时，重心右移下沉，左脚向前上步成左虚步；同时，上体前俯，带动两臂由体前下按于肩前，与肩同高，与肩同宽，目视前方（图3-54）；接着，重心后移，身体继续前俯，使两掌相叠按于左膝或脚尖，左掌在下，劳宫穴对准鹤顶穴或脚尖，目视前方。（图3-55、图3-56）

图3-54

图3-55

图3-55附图

图3-56

图3-56附图

③随吸气，上体直起；同时，两臂外旋内收上托于胸前，接着两掌经面前内旋外分撑于体侧，与肩同高，掌心向两侧，目视前方。（图3-57）

图3-57

④随呼气，左脚收回，右脚尖回正，两脚并拢；同时，两臂下按，两手垂于体侧成并步站立式，目视前方。（图3-58）

⑤~⑧拍与①~④拍相同，唯出脚方向相反。

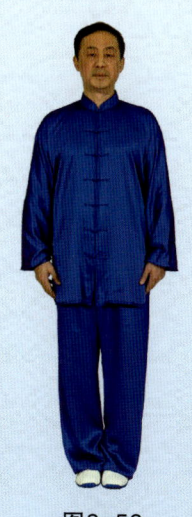

图3-58

第二个八拍同第一个八拍，有能力者可将两掌叠于脚尖，共做两个八拍，做完后，两臂下落于体侧。（图3-59）

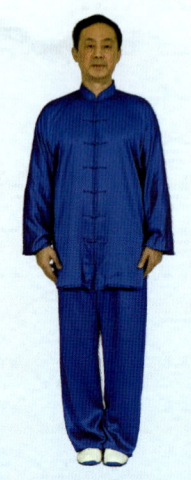

图3-59

【练习作用】

预热全身，牵拉腰背和腿部后群肌肉，活动脊柱；畅通任督二脉，改善消化功能。

【练习要点】

①以腰发力，直膝牵拉要充分，动静结合。
②意在牵拉后背及大腿后群肌。

【练习禁忌】

高血压、腰椎间盘突出、年老体弱者和孕妇幅度不宜过大、动作不宜过快、过猛。

【养生贴士】

对于上班族来说，因久坐不动，气血不畅，容易使肌肉松弛，弹性降低，出现下肢浮肿，重则会使肌肉僵硬，感到疼痛麻木，引发肌肉萎缩，正如中医所讲"久坐伤肉"。同时，久坐还会使骨盆和骶髂关节长时间负重，影响腹部和下肢血液循环，出现下肢麻木，引发下肢静脉曲张等症。经常做"猛虎舒身"，可以拉伸腰背和腿部后群肌肉、韧带等软组织，有助于减缓肌肉酸痛、促进血液循环，预防腰、腿部疾患。

扫码可看
猛虎舒身视频

第七式 仙鹤揉膝（膝踝功）

仙鹤，高雅、长寿之动物；揉膝，即为按摩活动膝关节之意。

《诗经》中有"鹤鸣九皋，声闻于天"鹤在中国传统文化中有崇高的地位，常跟仙、道、人的精神品格有着密切关系。它是长寿、吉祥和高雅的象征，常被与神仙联系起来，又称之为"仙鹤"。

该势通过蹲起动作，活动膝踝，两掌揉按膝关节鹤顶穴，可起到保护膝关节、改善平衡、延缓衰老的作用。

【练习方法】

①随吸气，抬头，上体前俯，两掌按于膝关节上，劳宫穴对准鹤顶穴（图3-60）；继而呼气，两腿屈膝下蹲，两肘外展，两掌劳宫穴揉按鹤顶穴，目视前方。（图3-61）

图3-60

图3-61

图3-62

②随吸气，两腿直立；同时，两掌劳宫穴揉按鹤顶穴，目视前方。（图3-62）

③随呼气，两腿屈膝下蹲；同时，两掌劳宫穴揉按鹤顶穴，目视前方。（图3-63）

⑤和⑦拍与①拍相同；④、⑥、⑧拍与②拍相同。

图3-63

共做一个八拍。做完后身体直立,两臂回收于体侧,成并步站立势,目视前方。(图3-64)

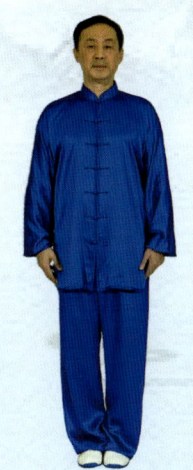

图3-64

【练习作用】

预热身体,活动膝踝关节,预防骨质疏松、髌骨劳损等症状。

【练习要点】

①下蹲时脚跟不要离地,按腿用力适中,蹲起速度匀缓,抬头向前看。

②意在活动膝关节(鹤顶穴)。

【练习禁忌】

高血压、体弱年迈者不宜过快、过猛、过深地做蹲起动作。

【养生贴士】

缺少锻炼、久坐办公室可能造成骨关节过早退化,出现下肢麻木、关节酸痛的现象,甚者会出现关节炎。办公间隙做蹲起6~8次可有效缓解上述症状。

扫码可看
仙鹤揉膝视频

第八式　神龟纳气（踝趾功）

神（寿）龟，意为吉祥、长寿之龟；纳气，即为采撷天地精华之气归入丹田之意。

《庄子·逍遥游》中说："楚之南有冥灵（冥灵即是龟），以五百岁为春，五百岁为秋。"

龟是古代的四灵（麟、凤、龟、龙）之一，目前"四灵"中只有龟在自然界是客观存在的，在我国传统文化中，龟一直被作为长寿的象征。

该势通过上抱下引的柔缓动作，配合细匀深长的腹式呼吸，达到引气、敛气的作用。

【练习方法】

①随吸气,百会上顶,两踵(脚跟)上提;同时,两臂外旋经体侧摆于头上方,两掌相合,掌指向上,目视前方。(图3-65~图3-67)

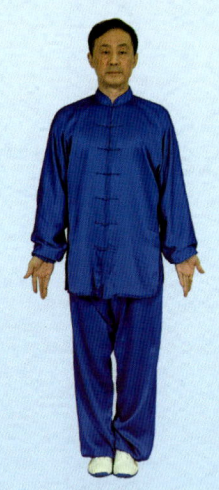

图3-65

图3-66

图3-67

②随呼气,牙根咬紧,两踵(脚跟)下落,两掌经面前下落、按掌、外分还原于体侧,目视前方。(图3-68~图3-71)

③、⑤、⑦拍与①拍相同;④、⑥、⑧拍与②拍相同,共做一个八拍。

图3-68

图3-69

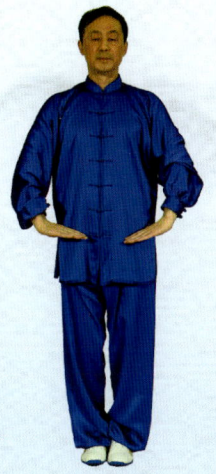

图3-70

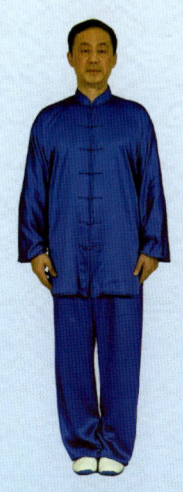

图3-71

【练习作用】

活动踝、趾及肩关节,牵拉上肢及躯干,预防跌倒。

【练习要点】

①动作柔缓,向上时,拔顶、沉肩、摆臂、收腹、提肛、提踵,顺序而行,脚趾抓地与手指上引形成对拔;下落时,沉肩、松腰、松腹、松肛、松膝、落踵依次完成。

②两踵上提时,两肩胛骨内收带动两臂外旋。

③动息结合,呼吸匀长。

④意在引气、敛气。

【练习禁忌】

年老体弱者不宜做提踵动作。

【养生贴士】

①久坐容易导致下肢血液循环不畅，出现踝关节或下肢肿胀现象。常做提踵动作，可以提高踝关节的稳定性，同时，通过提踵，下肢肌肉收缩，促进下肢血液回流，可起到预防下肢肿胀或静脉曲张。

②可在散步或平时走路的间隙做提踵动作，以提高踝关节力量，避免踝关节受伤，并有效疏通足三阴三阳经。

扫码可看
神龟纳气视频

收势：气息归元

气息，意指身外的天地精华之气和体内的真元、脏腑、四肢百骸之气；归元，道家哲学，指回归本元或元气，在这里是回归丹田之意。

"气息归元"指将身体内外之气缓缓收敛于丹田，以达壮中补元、强身健体、开发潜能、延年益寿之功效。

【练习方法】

① 随吸气,两臂内旋外分于体侧,掌心向后斜向上,高与脐平,目视前方。(图3-72)

图3-72

图3-73

② 随呼气,两膝微屈,两臂外旋内收于腹前,掌心相对,两掌距离10厘米,目视前方。(图3-73)

③随吸气，两腿伸直，两臂内旋外分于体侧，掌心向后斜向上，高与脐平，目视前方。（图3-74）

⑤、⑦拍与③拍相同；④、⑥拍与②拍相同。

图3-74

图3-75

⑧随呼气，两臂外旋内收，两掌相叠置于丹田（男性左手在内，女性右手在内）目视前方（图3-75），做细、匀、深、长的腹式呼吸3次。

【练习作用】

调匀呼吸，聚敛心神，预防消化不良。

【练习要点】

①身体中正，协调自然。
②呼吸深长，形松意敛。

【练习禁忌】

体质虚弱者，切忌呼吸急促，用意太过。

【养生贴士】

①对于无法入睡或睡眠困难者，可以在睡前做气息归元3~5分钟，通过主动的静心和放松来调理身心，可以起到改善睡眠，提高睡眠质量的效果。

②在做各项剧烈运动或遇到突发紧张事件后，做该式6~9遍，可达调匀呼吸的作用，进而达到静心安神的目的。

扫码可看
气息归元视频

附录

功前热身口令词

体育养生功前热身现在开始,请大家并步站立,周身放松,气定神怡,准备练习。

默想:

万事皆放淡卧莲,心静似潭身如燕,日月凌空行任督,蓬莱无梦任飞翔。

青龙昂首

两掌上穿头上昂,握拳下拉收胸前,上穿下探向左看,卷指握拳再还原;上穿下探,握拳回收,穿掌抬头,按掌还原。

要求: 两掌上穿时,下颌上顶;上穿下探时,转头充分;意在"大椎"。

彩蝶起舞

摆掌勾手置于肩,抬肘绕肩划立圆,勾手变掌撑体侧,并步掌落势还原。

要求: 绕肩时,两肘尽量上抬;落肘时,两臂摩运腋下;意在"肩井"。

祥麟翻浪

开步分掌向左看,卷指切腕腋下穿,重心右移收双掌,并步摩腹立身端。

要求:动作连贯有序,蹲起速度匀缓,幅度宜大;意在"尺泽"。

白鹿迎祥

拧身转体极目看,身体回正左推山,侧身抻拉右掌探,并步收拳势还原。

要求:转身推掌,左右对拔,倾身引体,逐渐抻拉;意在指梢。

灵猫戏尾

开步旋臂体侧分,左脚外摆右脚蹬,重心右移分双掌,并步还原目视前。

要求:以腰带臂层层递进,旋臂转腰自然大方;意在"命门"。

猛虎舒身

挺膝展髋臂外旋,虚步引腰体向前,上体直起分双掌,左脚回收势还原。

要求:身体蠕动,节节贯穿,俯身按掌,重心后移;意在"命门"。

仙鹤揉膝

两掌"劳宫""鹤顶"按,屈膝下蹲向前看,百会上领身体起,运动膝踝捻揉勤。

要求:蹲起时速度徐缓,两掌"劳宫"轻按两膝;意在"鹤顶"。

神龟纳气

拔顶沉肩臂外旋,提踵捧气目视前,落踵按掌齿相扣,气沉丹田势还原。

要求:动作柔缓大方,呼吸悠匀细缓,吸气上抱时意在采气,呼气下落时意在纳气。

收式

吸气,两掌外分;呼气,两掌内合。吸—呼, 吸—呼, 吸—停。

热身到此结束,望大家身心放松,享受练功!

扫码可看
完整演示视频

参考文献

[1] 胡晓飞. 乾隆健身术［M］. 北京：东方出版社，2013.

[2] 全国体育院校教材委员会. 运动生理学［M］. 北京：人民体育出版社，2005.

[3] 国家体育总局健身气功中心. 健身气功·易筋经［M］. 北京：人民体育出版社，2003.

[4] 国家体育总局健身气功中心. 健身气功·五禽戏［M］. 北京：人民体育出版社，2003.

[5] 国家体育总局健身气功中心. 健身气功·六字诀［M］. 北京：人民体育出版社，2003.

[6] 国家体育总局健身气功中心. 健身气功·八段锦［M］. 北京：人民体育出版社，2003.

[7] 胡晓飞、李金龙. 强身健体八段锦［M］. 北京：现代出版社，2003.

[8] 吴志超、胡晓飞. 导引健身法解说［M］. 北京：北京体育大学出版社，2002.

[9] 体育院校通用教材. 体育理论［M］. 北京：人民体育出版社，1996.

[10] 沈寿. 导引养生百法图谱［M］. 北京：北京体育学院出版社，1994.

［11］陈耀庭，等. 道家养生术［M］. 上海：复旦大学出版社，1993.

［12］张广德. 导引养生功［M］. 石家庄：河北人民出版社，1993.

［13］黎文献. 针灸简易取穴法［M］. 北京：科学普及出版社，1993.

［14］周世荣. 马王堆导引术［M］. 长沙：岳麓书社出版社，2005.

致 谢

北京体育大学导引养生中心的全体同仁。

海　外：陈峰、Venornica、胡乔

研究生：房辉、毕卫、林学霞、耿小雯、王润东、杨帅、彭翔吉、韩晓明

留学生：阿里斯特、黄美莲

图书在版编目（CIP）数据

体育养生 功前热身 / 胡晓飞, 庄永昌著. −北京：
人民体育出版社，2020
ISBN 978-7-5009-5727-0

Ⅰ.①体… Ⅱ.①胡… ②庄… Ⅲ.①健身运动
Ⅳ.①G883

中国版本图书馆 CIP 数据核字（2019）第280144号

*

人民体育出版社出版发行
国铁印务有限公司
新 华 书 店 经 销

*

850×1168　32开本　4印张　73千字
2020年9月第1版　2020年9月第1次印刷
印数：1—4,000册

*

ISBN 978-7-5009-5727-0
定价：32.00元

社址：北京市东城区体育馆路8号（天坛公园东门）
电话：67151482（发行部）　　邮编：100061
传真：67151483　　　　　　　邮购：67118491
网址：http://www.sportspublish.cn
（购买本社图书，如遇有缺损页可与邮购部联系）

体育养生　功前热身